Le niveau baisse !

Benoît Melançon

LE NIVEAU BAISSE !

(et autres idées reçues sur la langue)

DEL BUSSO

Couverture : Julien Del Busso

Les illustrations des pages 52, 58, 60, 80 et 85 sont tirées de la deuxième
édition de *Refrancisons-nous* (1951).
Celle de la page 21 provient du journal *Le Canada* du 30 mai 1945.

Distribution au Canada : Socadis
www.delbussoediteur.ca
Diffusion en France : Tothèmes Diffusion

© Del Busso Éditeur 2015

Dépôt légal : 3ᵉ trimestre 2015
Bibliothèque et Archives nationales du Québec

ISBN 978-2-923792-72-9
ISBN (EPUB) 978-2-923792-73-6
Imprimé au Canada

À la mémoire d'André Belleau (1930-1986)

« Il est peu d'impolitesses plus impardonnables
que l'expression publique d'un pessimisme. »

Jean-Pierre Minaudier,
Poésie du gérondif, 2014

Avertissement

Qui suis-je ? Un intellectuel, formé en études littéraires, qui s'intéresse depuis plusieurs années aux questions de langue, surtout au Québec. Je ne suis pas linguiste.

Comment résumer ma position sur ces questions ? Ni alarmisme ni jovialisme (pour prendre un mot du cru). Tout n'est pas catastrophique en matière de langue au Québec. Tout ne va pas non plus pour le mieux dans le meilleur des mondes possibles. Un peu de recul critique m'apparaît essentiel en ces matières. Pour le dire d'un autre québécisme, respirer par le nez, ça ne serait pas plus mal.

Qu'est-ce qu'une idée reçue ? Ce n'est pas toujours une idée fausse, bien que ce le soit souvent. C'est plutôt une idée qui circule dans l'air du temps avec la valeur d'une évidence et qui manque de nuances. À trop généraliser, on ne dit rien de juste.

Or la langue est le domaine par excellence des idées reçues. En cette matière, chacun y va de sa petite opinion, fondée ou pas, on n'hésite pas à répéter à l'infini toutes sortes de lieux communs et les préjugés ne sont jamais loin. Des gens croient, sans rire, qu'un *grilled-cheese* peut être *urbain* ; d'autres, pas du tout, et cela les fâche. On peut se disputer longtemps sur le sens du mot *extrême* dans l'expression *repassage extrême*. Tout le monde n'a pas de positions fermes en matière de volley-ball de plage féminin ; sur la langue, tout le monde a quelque chose à dire. Il serait étonnant que tous aient raison. Ça se saurait.

Parmi les idées reçues qui suivent, quelques-unes sont récentes, d'autres, pas. Certaines sont québécoises, mais pas uniquement. Avec les ajustements nécessaires, on devrait donc pouvoir appliquer les idées reçues aujourd'hui au Québec à d'autres époques, à d'autres contextes, à d'autres langues.

Les spécialistes m'objecteront peut-être que j'enfonce des portes ouvertes. Ce livre ne s'adresse pas qu'à eux.

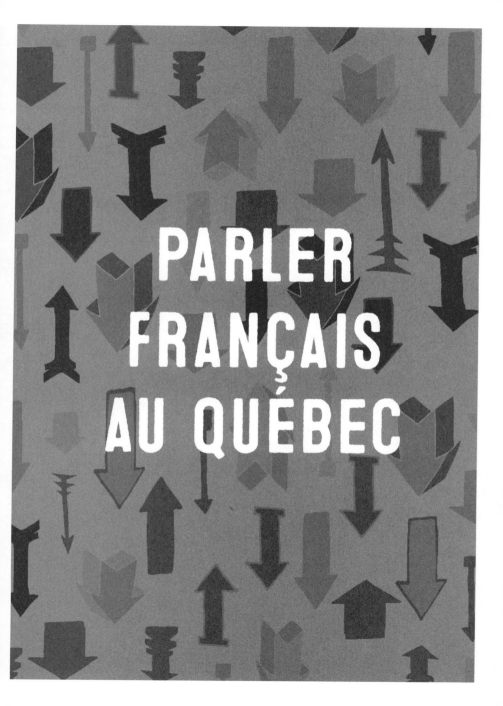

PARLER FRANÇAIS AU QUÉBEC

Le niveau baisse !

> « Le niveau baisse année après année
> depuis les Sumériens environ. »
> @Jean_no, Twitter, 27 décembre 2012

On le claironne : le niveau baisse ! Le gazon était plus vert *avant*. La neige était plus blanche *avant*. Les enfants étaient mieux élevés *avant*. Cette constatation n'est pas neuve :

> Périclès dit alors : « Je m'étonne, Socrate, que la cité ait à ce point décliné. — Pour ma part, dit Socrate, je crois qu'à la façon de certains athlètes qui, en raison de leur grande supériorité et de leur domination, se laissent aller et ainsi deviennent inférieurs à leurs adversaires, de même aussi les Athéniens, après avoir joui d'une grande suprématie, en sont venus à se négliger et ont pour cette raison dégénéré. »

Cela se trouve dans les *Mémorables* de Xénophon (livre 3, chapitre 5). Les choses vont donc de plus en plus mal depuis (au moins) vingt-cinq siècles.

En matière de langue, « Le niveau baisse ! » est une scie qui a une longue histoire, particulièrement chez les professeurs, ces êtres qui vieillissent devant des classes qui ont toujours le même âge. Certains joignent leur voix aux discours les plus alarmistes, d'autres, dont je suis, étudient l'idée de *crise de la langue* pour en mettre au jour les enjeux idéologiques.

Pour essayer d'y voir un peu plus clair, commençons par deux brefs quiz.

I. Soit les titres de livres suivants :
La crise du français
Le massacre de la langue française
Au secours de la langue française
Mort ou renouveau de la langue française
Le français langue morte

Soit les dates suivantes : 1930, 1957, 1923, 1909, 1930.

Associez un titre et sa date de parution.

II. Soit les déclarations suivantes :
« Y aura-t-il enfin quelqu'un qui mettra fin à cette déconstruction intellectuelle qui a conduit une génération à ne plus savoir lire, écrire et compter ? »

« Il est ordinaire de trouver des rhétoriciens qui n'ont aucune connaissance des règles de la langue française, et qui en écrivant pèchent contre l'orthographe dans les points les plus essentiels. »

« Les jeunes d'aujourd'hui n'ont plus le sens de la langue, ne connaissent plus la syntaxe, s'égarent dans la loi de la concordance des temps, ils s'expriment par des exclamations, des vocatifs, des phrases tronquées du verbe principal ou du complément direct. »

Soit les dates suivantes : 1689, 1957, 2015.

Associez une déclaration et la date à laquelle elle a été faite.

I. *Mort ou renouveau de la langue française*, 1957
Le massacre de la langue française, 1930
Au secours de la langue française, 1930
Le français langue morte, 1923
La crise du français, 1909

II. « Y aura-t-il enfin quelqu'un qui mettra fin à cette déconstruction intellectuelle qui a conduit une génération à ne plus savoir lire, écrire et compter ? », Nestor Turcotte, *La Presse*, 6 février 2015.

« Les jeunes d'aujourd'hui n'ont plus le sens de la langue, ne connaissent plus la syntaxe, s'égarent dans la loi de la concordance des temps, ils s'expriment par des exclamations, des vocatifs, des phrases tronquées du verbe principal ou du complément direct », Gérard Filion, *Le Devoir*, 1957.

« Il est ordinaire de trouver des rhétoriciens qui n'ont aucune connaissance des règles de la langue française, et qui en écrivant pèchent contre l'orthographe dans les points les plus essentiels », Nicolas Audry, 1689.

Bref, les choses ne vont pas bien, et depuis longtemps. Sur la place du marché linguistique, les contempteurs du laxisme, de la dégradation, de la déchéance, du dépérissement, de la décadence ne sont pas les plus discrets. Si les Cassandre qui ont signé ces livres et tenu ces propos avaient raison, on serait en droit de se demander comment il se fait que nous parlions encore français et que nous puissions comprendre ces textes rédigés dans une langue présumée morte.

On s'en doute : les choses ne sont pas aussi tranchées. Il n'y a pas, en matière de langue, un *avant* édénique, aux bornes chronologiques jamais définies, et un *après* infernal (maintenant). Il faut nuancer ce genre d'affirmations sur plusieurs plans.

Il faudrait d'abord dire de quel niveau il s'agit. Du niveau de l'orthographe ? Du niveau de la syntaxe ? Du niveau du lexique ? On peut supposer que tous ces plans de la maîtrise linguistique ne sont pas dans le même état de crise. S'ils l'étaient, ce mot de *crise* ne serait pas assez fort. Il faudrait également se poser une série de questions : de qui est-ce la faute ? Des parents ? Des enseignants ? Des médias ? D'eux tous ? De nous tous ?

M. Victor Cousin :
La décadence de
la langue française
a commencé en 1789.

Moi : À quelle heure,
s'il vous plaît ?

Victor Hugo,
23 novembre 1843 (dans *Choses vues*)

Parmi les nombreux problèmes que pose la phrase « Le niveau baisse ! », il y a celui de sa généralité. *Tout* baisserait, sans que soient faites les distinctions nécessaires. Prenons quatre exemples. J'ai travaillé sur le discours sportif ; je peux vous assurer que la qualité de la langue des journalistes de la presse sportive écrite québécoise est meilleure en 2015 qu'elle ne l'était au début du XXe siècle. (Parfaite, non. Meilleure, oui.) Ouvrez un journal québécois des années 1950 et lisez les publicités ; si les anglicismes vous rebutent, vous risquez de ne pas vous en remettre. Les vocabulaires spécialisés, techniques et scientifiques notamment, ont longtemps manqué en français ; grâce à des organismes comme l'Office québécois de la langue française, ce n'est plus le cas. À la demande du Conseil supérieur de la langue française, des linguistes ont comparé le français de six quotidiens montréalais en 2001 et en 2015. Conclusion ? La qualité linguistique de ces quatre quotidiens « s'est nettement améliorée ». Sur ces quatre plans, le niveau monte ; il ne baisse pas.

On vient de le voir : pour comparer des états de langue, il faut des données comparables. On peut comparer les textes journalistiques, les publicités écrites, les répertoires terminologiques et les journaux d'hier à ceux d'aujourd'hui. Mais comment comparer des états de langue orale ? On entend parfois telle chroniqueuse, la larme à l'œil, vanter la langue impeccable de sa mère ou de sa grand-mère, elle qui n'avait qu'une « cinquième année ». Cela est peut-être vrai, mais, à l'oral, sauf pour des périodes récentes, c'est invérifiable et, dès lors, inutilisable dans une démonstration raisonnée.

Une façon de procéder consiste à mener périodiquement des enquêtes sur la perception qu'ont les gens de leur langue et de son évolution. En 1991, par exemple, Martine Garsou publiait une étude sur *L'image de la langue française.*

Enquête auprès des Wallons et des Bruxellois. Résultats, tels que résumés par André Bénit? Les Belges francophones disent que leur langue est « en crise mais pensent la maîtriser mieux que leurs parents ». Pour résumer : si on prend les individus isolément, le niveau monte, disent-ils ; si on les prend globalement, en additionnant les individus, il doit monter aussi ; en affirmant, dans le même temps, que le niveau baisse, les individus sondés laissent entendre que c'est le niveau des autres, jamais le leur, qui baisse. Où la psychologie rejoint la linguistique.

Voici un travail SHERWIN-WILLIAMS
"Fait il y a 3 ans, ce peinturage
est toujours aussi bon!"

Le bon vieux temps
du journalisme sportif

« Molyneux et Lalonde assistaient
à la pratique d'hier, et des renseignements
de source officielle nous laissent croire
que ces deux hommes auront signés
avant demain soir.»

[La Patrie, 5 janvier 1915]

« Puis, à ce moment,
le Hamilton eut les "breaks" [...]. »

[La Patrie, 2 janvier 1925]

« Le score, à ce moment-là, était égal,
1 à 1, Day ayant compté dans la première
période et Trudel ayant créé le deadlock
dans la deuxième période sur un bel élan
individuel. »

[La Patrie, 16 mars 1934]

« Tenant pratiquement la victoire assurée
sur son rude adversaire "Wild Bill" Longson,
Yvon Robert a commis une incartade,
qui lui a encouru la disgrâce de l'arbitre
Dan Murray et l'idole locale a perdu la finale
de la séance d'hier soir, au Forum,
sur un "foul". »

(La Patrie, 6 mars 1947)

« Bob Feller a brisé un de ses propres
records en gagnant sa 12e partie d'un coup
sûr dimanche après-midi, et la recrue
Herb Score est venu à deux strikeouts
près d'égaliser un autre record de Feller [...]. »

(La Patrie, 2 mai 1955)

Il faudrait non seulement pouvoir comparer des données comparables, mais aussi des conditions sociales semblables. Pendant longtemps, la maîtrise de la langue a été l'apanage des conditions sociales élevées : elles seules faisaient de longues études, quand elles n'étaient pas les seules à faire des études tout court. Ce n'est plus vrai : à partir du moment où la plupart des sociétés ont rendu l'éducation obligatoire, elles ont dû transmettre une forme de maîtrise linguistique à des populations qui jusque-là en étaient exclues. En élargissant la population scolarisée, la démocratisation de l'éducation a considérablement modifié la base statistique des comparaisons en matière de langue.

S'ajoute à cela que les sociétés actuelles produisent des mots à ne savoir qu'en faire. Internet, pour ne prendre que cet exemple médiatique, a multiplié les corpus linguistiques de façon phénoménale : il n'y a jamais eu autant de traces de mots qu'aujourd'hui. Quel effet cela a-t-il sur le sujet qui nous intéresse ? De nouveau, les comparaisons risquent d'être faussées entre les données disponibles pour décrire la situation contemporaine et celles du passé. S'il est vrai qu'il y a de quoi désespérer à lire la masse des commentaires des internautes sur les grands sites d'information, il est bon de se rappeler que l'on ne dispose de rien de tel pour la période, allons vite, précédant les années 1990.

Il y a une nuance supplémentaire à apporter. Selon le discours médiatique et le discours commun, un des signes indéniables de la baisse du niveau linguistique serait la langue des jeunes, plus particulièrement la langue des réseaux sociaux. À lire leurs textos, on aurait la preuve incontestable qu'ils ne savent pas / plus écrire. C'est faire l'économie de plusieurs considérations. De considérations techniques : selon l'appareil sur lequel ils écrivent, les jeunes (et les moins jeunes aussi) rédigent de façons diverses ; après avoir changé de téléphone, mon fils aîné a pu réintroduire les apostrophes dans ses textos, alors que c'était trop compliqué de les utiliser auparavant, à cause de son ancien clavier. De considérations d'usage : les travaux sur la langue des réseaux sociaux, par exemple ceux d'Anaïs Tatossian (2010), montrent que les élèves font parfaitement la part des choses, sur le plan de la langue, entre les messages qu'ils envoient à leurs amis et les devoirs qu'ils rendent à leurs professeurs. De considérations lexicales : selon le linguiste David Crystal (2008), l'effet de la langue des textos sur le vocabulaire de l'anglais reste à démontrer. De considérations démographiques : c'est qui, ça, les jeunes ? Juger l'état actuel de la langue à partir d'impressions venues des réseaux sociaux est risqué.

Une dernière interrogation s'impose. Imaginons, pour un instant, que le niveau baisse. Qui est responsable ? Les médias ne cessent de claironner leur réponse : c'est la faute à l'école. Malheureusement, les choses ne sont pas aussi simples. On n'apprend pas sa langue qu'à l'école ; on l'apprend à la maison. Sur ce plan, j'avoue mon étonnement lorsque j'entends des parents québécois — mais ce serait vrai ailleurs — se plaindre de la faiblesse linguistique supposée de leur progéniture. Ce faisant, ces parents ne sont-ils pas en train de reconnaître leur propre responsabilité ? De deux choses l'une. Ou les parents sont capables de reconnaître que le niveau baisse et d'assurer la formation linguistique de leurs enfants, et ils ne le font pas — si le niveau baisse, c'est de leur faute. Ou ils ne sont pas capables d'assurer cette formation, ce qui serait la preuve que le niveau ne baisse pas — il aurait toujours été faible et ces parents n'auraient pas pris les moyens de corriger la situation ni pour eux-mêmes ni pour les leurs.

Le niveau baisse ? Pas si vite.

Le lexique des jeunes Québécois

Les Québécois, spécialement les jeunes, posséderaient peu de vocabulaire. Peut-on appuyer cela sur des recherches sérieuses ? C'est l'objet sur lequel se sont penchées Pascale Lefrançois et Marie-Éva de Villers.

Pour essayer d'y voir plus net dans les déclarations contradictoires sur la qualité du « lexique mental » des jeunes Québécois, elles ont interrogé, en 2011, des élèves de troisième secondaire de toutes les régions du Québec. Elles leur ont posé 100 questions. Quelles conclusions tirent-elles de cette étude ? Dans un article de 2013, qui prend appui sur les réponses de 1521 élèves, leur jugement est clair : le résultat à l'ensemble du questionnaire est « relativement élevé ».

Tout va-t-il dès lors pour le mieux sur le plan de l'acquisition du vocabulaire des élèves du Québec ? Non, et les auteures formulent des propositions pour améliorer cette acquisition.

En outre, elles reconnaissent elles-mêmes que leur enquête comporte des limites, par exemple que les élèves n'ont pas été interrogés « dans une situation de communication réelle », mais par questionnaire.

Cela étant, la recherche de Pascale Lefrançois et Marie-Éva de Villers montre que, pour une dimension du lexique des jeunes Québécois, les jugements devraient être plus nuancés qu'ils ne le sont habituellement.

La maîtrise de toutes
les subtilités des
règles de l'accord
du participe passé
est le signe que l'on
possède parfaitement
sa langue, et cette
maîtrise doit être
acquise à tout prix.

Non.

Les Québécois parlent franglais.

Certaines personnes croient que les langues sont des essences, qu'elles flottent dans le ciel des idées, telles des vérités immuables.

Les essentialistes — c'est d'eux qu'il s'agit — ont des idées bien arrêtées. Il y aurait un accent français, et un seul. Le français serait caractérisé, sur le plan de la syntaxe, par l'omniprésence de la séquence sujet-verbe-complément. Cette langue serait plus belle et plus claire que les autres. Les enseignants la maîtriseraient tellement mal qu'ils devraient avoir recours à des logiciels de correction au moment d'écrire. Le Québec aurait sa propre langue, loin de celle, fantasmée, de la France, pays lui aussi fantasmé. Internet — pire : les médias dits « sociaux » — serait le cheval de Troie de l'anglicisation. Il y aurait eu un âge d'or, durant lequel le français aurait été une langue pure ; depuis, le niveau baisserait. On peut sans trop de mal démontrer qu'ils ont tout faux.

Les essentialistes n'ont pas que des idées toutes faites. Ils ont des ennemis : la mondialisation qui tuerait la diversité linguistique, les « élites mondialisées » (comme on dit au Front national et, parfois, dans le quotidien *Le Devoir*) qui auraient baissé les bras en matière de langue, le système scolaire qui n'enseignerait plus rien, des créateurs pratiquant un sabir inacceptable. Le plus souvent, ces détestations ont pour cible une langue, l'anglais, ou, chez quelques-uns, une langue inventée, le *franglais*. Mis à la mode par Étiemble dans une satire de 1964, *Parlez-vous franglais ?*, ce mot a beaucoup été employé par les médias québécois durant l'été 2014. Il y a 40 ans, c'est le joual qui déclenchait les passions, mais aujourd'hui le mot n'est plus guère utilisé, et fort heureusement, pour décrire le français populaire du Québec. Il n'est pas sûr qu'on y gagne au change : on ne peut pas plus le définir que le supposé franglais.

Le plus récent prurit linguistique provincial a eu pour déclencheur des musiciens, surtout le groupe rap Dead Obies, mais aussi la chanteuse Lisa LeBlanc. (Par la suite, un exemple cinématographique est venu apporter de l'eau au moulin des essentialistes, *Mommy* de Xavier Dolan, auquel on pourrait ajouter le blogue *Les fourchettes* et le roman *Cœur de slush* de Sarah-Maude Beauchesne, et les spectacles d'humour de Sugar Sammy.) Que leur reproche-t-on ? De mêler deux langues, l'anglais et le français ; autrement dit, de céder aux sirènes du franglais, de s'exprimer de façon indigente. Avant de tirer quelque conclusion que ce soit de cet usage artistique, il faudrait savoir de quoi l'on parle, sortir des cadres argumentatifs figés, descendre de ses grands chevaux, se méfier du mépris.

Les Dead Obies mêlent de l'anglais et du français : c'est entendu. Lisa LeBlanc mêle, dans une moindre mesure, de l'anglais et du français : ça l'est aussi. De cela, on peut tirer une conclusion, et une seule : les Dead Obies et Lisa LeBlanc mêlent de l'anglais et du français. Pour l'essentiel, leurs interventions portent sur le lexique : ils mêlent des mots de deux langues, pas deux syntaxes. On ne peut pas inférer de leurs chansons que le français irait mal, et de plus en plus mal, à Montréal (les Dead Obies viennent de la Rive-Sud), au Québec, en Acadie (Lisa LeBlanc est du Nouveau-Brunswick), dans le monde. Pour affirmer une chose pareille, il faudrait des enquêtes, sur la longue durée, pas des opinions ou des sentiments. Nous disposons de quelques études de cette nature, mais en nombre insuffisant — mais nous ne disposons pas d'une définition sérieuse du franglais.

Par ailleurs, quiconque pense que la langue de l'art est le reflet de la langue parlée en société, qu'elle en est le miroir, se trompe. Chaque créateur se fait sa langue, qu'on appréciera ou pas (certains ont des boutons en écoutant les Dead Obies, d'autres, devant Fred Pellerin). Croire que cette langue est la langue commune des Québécois n'a pas de sens. Cela ne veut pas dire que la langue de l'art et celle de la société sont sans rapport. Cela veut dire que ce rapport n'est pas de simple imitation. La langue de la littérature, de la chanson, du théâtre, du cinéma, de la télévision sont inventées. Que les membres de Dead Obies ou Lisa LeBlanc s'en aperçoivent ou pas ne change rien à l'affaire. Ils font comme Michel Tremblay ou Plume Latraverse avant eux : ils forgent la langue dont ils ont besoin, à un moment précis de l'histoire collective et en fonction du contexte dans lequel ils s'expriment. Quand Yes Mccan, des Dead Obies, répond à ses détracteurs dans l'hebdomadaire culturel montréalais *Voir*, il le fait dans une langue qui n'est pas celle de ses chansons.

Inférer de la coprésence de l'anglais et du français dans des œuvres que le Québec est en voie de créolisation, d'assimilation ou d'anglicisation n'est pas non plus défendable. On voit même ressortir le vocabulaire de la colonisation, comme si une société industrialisée du XXIe siècle pouvait être ramenée, *mutatis mutandis*, à celles qui l'ont précédée des siècles auparavant. Ceux qui affirment pareille chose n'ont de ces phénomènes qu'une connaissance très imprécise. Aucun ne se produit sur une courte période. Il faut des dizaines, voire des centaines d'années pour qu'une société se créolise ou pour que sa population soit assimilée par une autre ou change de langue (s'anglicise). On pourrait même avancer que la créolisation n'est pas un abâtardissement, mais le devenir naturel des langues. Quant à la colonisation, sauf à ne donner qu'une valeur métaphorique au mot, on ne voit pas bien qui serait, aujourd'hui, en train de coloniser le Québec. Les États-Unis ? Le Canada anglais ? Ça se saurait. L'anglais ? Une langue, seule, ne peut rien coloniser.

Enfin, on notera que le débat linguistique au Québec est vicié par l'obsession des essentialistes du cru à opposer deux langues — deux essences de langues — et rien qu'elles, le français et l'anglais. Pour comprendre la vie de la langue, ce cadre ne cesse de perdre de sa pertinence. Pourquoi ? Pour des raisons démolinguistiques et générationnelles, la croyance en une forme unique de bilinguisme, le bilinguisme anglais / français, ne permet pas de rendre compte de la réalité et de l'imaginaire linguistiques actuels. Pierre Nepveu, dans des articles de 2012 et de 2013, est un des rares intellectuels québécois à avoir pris la mesure de cette transformation profonde.

Des raisons historiques expliquent que la réflexion sur la langue au Québec a longtemps reposé sur le conflit entre l'anglais, langue dominante mondialement depuis la seconde moitié du XVIIIe siècle (non pas de toute éternité), et le français, langue officielle au Québec depuis les années 1970, mais minoritaire en Amérique du Nord. Ce portrait linguistique polarisé ne correspond plus à la réalité montréalaise : sur le territoire de la métropole, il n'y a plus uniquement le français et l'anglais — en fait, ainsi que le montrent les recherches de Rainier Grutman (1997), il n'y a jamais eu uniquement le français et l'anglais, même si l'on a longtemps affirmé que si. Il y a des français, des anglais, des dizaines de langues venues de partout. Les contacts linguistiques sont la réalité montréalaise quotidienne, au point que Montréal aurait la plus importante proportion de trilingues en Amérique du Nord.

En outre, l'idée que les contacts entre langues sont menaçants n'a guère de poids chez les plus jeunes. Comment les convaincre que l'anglais et les autres langues de Montréal sont des menaces pour l'identité québécoise, si tant est qu'une telle chose existe ? Comment leur faire croire que les langues qui les entourent ne devraient pas avoir droit de cité ? (Selon qui ?) Cela ne revient pas à dire que la question de la langue ne se pose plus au Québec. Cela signifie que les termes du débat ont changé. Ne pas le reconnaître, c'est nourrir un dialogue de sourds.

Les Québécois parlent joual.

Voyez le texte précédent. Remplacez-y le mot *franglais* par le mot *joual*. Vous devriez arriver à la même conclusion.

Si vous tenez absolument à aborder le sujet, voyez le texte suivant.

Les Québécois
parlent
le québécois.

Le libraire et poète québécois Octave Crémazie s'exile en France en 1862. Le 29 janvier 1867, il écrit à Henri-Raymond Casgrain : « Ce qui manque au Canada, c'est d'avoir une langue à lui. Si nous parlions iroquois ou huron, notre littérature vivrait. Malheureusement nous parlons et nous écrivons d'une assez piteuse façon, il est vrai, la langue de Bossuet et de Racine. [...] Je le répète, si nous parlions huron ou iroquois, les travaux de nos écrivains attireraient l'attention du vieux monde. » Le « vieux monde » — lire : la France — refusant de s'intéresser à la littérature canadienne à cause, pense-t-on, d'une faiblesse linguistique presque unanimement diagnostiquée depuis le XIXe siècle, il faudrait pousser la spécificité nationale jusqu'à l'adoption d'une langue qui ne serait plus celle de la mère-patrie, en l'occurrence une langue amérindienne.

Cette lettre met en lumière deux choses essentielles pour saisir la relation des Québécois à la langue française. Ont-ils une langue qui leur serait propre ? Quel serait le rapport de cette langue au français de l'Hexagone ?

Répondre à la première question est simple : les Québécois parlent une variété régionale du français. Il n'existe pas de *langue québécoise*. Il n'y a pas de *québécois*, au sens linguistique. L'article qui ouvre la Charte de la langue française du Québec (1977) est limpide : « Le français est la langue officielle du Québec. » Pas « la langue québécoise », pas « le québécois ».

À certains moments de l'histoire du Québec, il est vrai qu'on a pu rêver d'une langue qui lui soit propre, tel l'« iroquois » ou le « huron » de Crémazie, mais cela n'est pas advenu. Durant les années 1960, une querelle a occupé les tribunes, celle du joual. (Le mot *joual* est une déformation ancienne du mot *cheval*, mais cette déformation n'est pas réservée au Québec ; elle est également attestée... en France.) Elle opposait les tenants d'une langue parfaitement alignée sur une supposée norme parisienne et les défenseurs d'une langue propre à des secteurs populaires de Montréal, qui aurait été élevée au rang de langue nationale autonome : parmi ces défenseurs, il y avait les romanciers rassemblés autour de la maison Parti pris (mais pas uniquement), des dramaturges comme Michel Tremblay, des journalistes et pamphlétaires, taillés en pièces, en amont, par Jean-Paul Desbiens dans *Les insolences du frère Untel* en 1960, puis, en aval, par Jean Marcel dans *Le joual de Troie* en 1973. L'importance de cette querelle est indubitable dans l'histoire sociolinguistique du Québec, ainsi que dans son histoire littéraire (le joual a joué un rôle essentiel dans le théâtre de Tremblay ou chez les romanciers de Parti pris). Personne n'a pourtant démontré que le joual aurait été *la* langue des Québécois. Presque personne, au Québec au XXIe siècle, ne se réclame de cette « langue » ni ne veut en imposer l'usage.

La deuxième question, celle du rapport du français québécois au français pratiqué en France, exige une description. On ne peut pas, en ce domaine, se contenter d'impressions.

Dans *Le vif désir de durer* (2005), Marie-Éva de Villers a livré un portrait extrêmement éclairant du français québécois à la fin du XXe siècle, portrait fondé sur une analyse exhaustive du lexique de deux quotidiens, l'un québécois (*Le Devoir*), l'autre français (*Le Monde*). En registre soutenu — celui de ce type de presse —, il y a essentiellement, entre la variété du français du Québec et le français dit « de référence », ce qu'on appelle parfois le « français standard » ou le « français international », des différences de vocabulaire. Au Québec, on trouve des mots réputés archaïques selon les dictionnaires publiés en France (*barrer la porte* pour *verrouiller la porte*). Des mots, inconnus ailleurs, ont été créés pour désigner des réalités locales (*poudrerie* pour *neige poussée par le vent pendant qu'elle tombe*) ou pour éviter d'avoir recours à d'autres venus de l'anglais (*courriel* pour *e-mail*). Quelques mots amérindiens (l'*achigan* est un poisson) ou anglais (on joue au hockey à l'*aréna*) sont entrés dans la langue courante. La féminisation des titres de fonctions y est recommandée (*auteure, madame la première ministre, la secrétaire perpétuelle de l'Académie française*). Parfois, les mots sont les mêmes, mais leur fréquence d'utilisation varie (on emploie plus souvent *là* au Québec qu'en France). Des anglicismes sont utilisés (calques, faux amis, etc.), de même que des particularismes (le *dépanneur* québécois n'est pas le belge). Ces différences de vocabulaire, dans la presse, toucheraient moins du quart du vocabulaire, selon Marie-Éva de Villers.

Qu'en est-il de la syntaxe ? Pour l'essentiel, elle est la même des deux côtés de l'Atlantique. Or, en matière de langue, la syntaxe est fondatrice. Il faut y insister : s'il existe une telle chose qu'une « norme québécoise » (un « bon usage québécois »), elle n'est pas, sauf rarissimes exceptions, syntaxique. Les structures de la langue parlée au Québec sont celles de la langue parlée en France, du moins dans les situations où la correction est jugée nécessaire. Dans les autres, il en est du français québécois comme de n'importe quelle langue ou variété de langue : moins la situation est formelle, plus la liberté est grande.

Une dernière chose mérite d'être soulignée quand on réfléchit aux différences entre le français québécois et le français hexagonal, car c'est la plus *audible*. L'accent des Québécois n'est pas celui des Français (un Québécois prononcera *brun*, là où un Parisien dira plus volontiers *brin*).

Aussitôt formulée, cette remarque appelle deux précisions. Il n'y a pas *un* accent québécois, mais *des* accents, qui varient selon les régions, les générations, les niveaux de scolarité, les situations de communication, etc. De même, il n'y a pas *un* accent français, mais *des* accents, différents pour les mêmes raisons. On ne le dira jamais assez : un accent ne fait pas une langue et seuls les muets n'en ont pas un.

Présentées comme cela, les choses peuvent paraître simples.

D'une part, il n'y a pas de *langue québécoise*. C'est pourquoi il est impossible, quoi qu'en pensent les dirigeants des éditions Casterman, de publier un album de Tintin « en québécois », *Colocs en stock* (2009).

De l'autre, les spécificités du français québécois sont relativement peu nombreuses. Néanmoins, la nature de ces spécificités ne cesse de tarauder les Québécois et ceux qui les fréquentent. Pourquoi ?

Les Québécois ne parlent pas français.

Les francophones du Québec se disputent entre eux depuis presque deux siècles sur la qualité et sur le statut de leur langue. Ça ne se passe pas toujours très bien.

Ça ne se passe pas mieux lorsque d'autres abordent les mêmes sujets, qu'il s'agisse de francophones d'ailleurs ou de non-francophones. Leurs verdicts sont sévères. « Du français, ça ? Non. »

Pour certains, la langue des Québécois serait « truculente », « colorée », « exotique », « pittoresque » ; voilà une langue « périphérique », voire « excentrique ». L'accent local serait « sympathique » ou « savoureux », au point où on ne pourrait pas s'empêcher de l'imiter, évidemment maladroitement. Au mieux, le français québécois serait une version « archaïque » du français. Au pire, une langue complètement différente, truffées de choses « qui ne se disent pas en français ».

Pour d'autres, le français parlé au Québec serait un patois. La définition rigoureuse de cette catégorie linguistique importe moins, ici, que l'opposition qu'elle implique entre une langue dominante (réputée correcte, par essence) et une variété marginale. À partir du milieu du XIXe siècle, les tenants du *Parisian French* ont ainsi moqué ce qu'ils appelaient le *French Canadian Patois*. Sous des étiquettes neuves, on peut entendre, dans le Canada de 2015, des jugements de valeur semblables, devenus des évidences du fait de leur répétition. Le français du Québec serait une variété fautive du français. Pourquoi l'apprendre ? Pourquoi l'enseigner ? Ne faudrait-il pas transmettre le « vrai français » ?

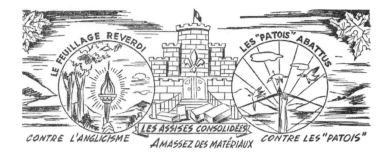

LE FEUILLAGE REVERDI — LES "PATOIS" ABATTUS

CONTRE L'ANGLICISME — LES ASSISES CONSOLIDÉES — AMASSEZ DES MATÉRIAUX — CONTRE LES "PATOIS"

On retrouve dans ce discours discréditant les idées reçues habituelles.

Il y aurait une variété valable du français — le « bon français », le français dit « international », « standard », « parisien » — et des variétés à proscrire — à cause de l'origine de leurs locuteurs. C'est oublier qu'une telle chose que le « français international », le « français standard » ou le « français parisien » est une construction de l'esprit. Il y a *des* français, inégalement légitimés pour des raisons sociologiques, politiques, culturelles, et non un seul français, devant lequel s'incliner en toutes circonstances.

Beaucoup des commentaires formulés par les gens qui regardent le français québécois de l'extérieur ne prennent appui que sur une appréciation de la langue orale dans des situations d'échange informel. « Ce que j'entends n'est pas du français », dit-on. C'est faire l'économie d'une réflexion sur les niveaux d'expression orale. Entend-on, au Québec, la même langue dans toutes les situations ? Non, bien sûr, pas plus que la langue orale de la France, de la Belgique ou du Sénégal n'est *une*. La langue de Radio-Canada n'est pas celle de l'aréna. Prendre la seconde pour étalon et ne pas tenir compte de la première mène à des critiques contestables.

Cela étant, une réflexion sur les perceptions du français québécois par les gens qui le regardent de l'extérieur peut être l'occasion de s'interroger sur deux aspects de la situation linguistique québécoise, l'un connu, l'autre moins.

Si les différences paraissent si grandes entre les variétés de français, c'est peut-être que le français est particulièrement centralisé, contrairement à d'autres langues parlées dans plusieurs pays et continents, principalement les langues coloniales d'Europe. La formule « Il n'est bon bec que de Paris » (Villon) est le signe que la langue française, depuis sa forte centralisation à partir de la Révolution, a eu plus de mal que d'autres à gérer la variation. Le « lutétiotropisme » (l'attraction parisienne) n'est-il pas ce qui explique la hiérarchisation des variétés linguistiques dans la francophonie et l'insistance très marquée, chez certains de ses locuteurs, sur ce qui serait « la norme » ?

On peut encore se demander si ce qui frappe les gens qui découvrent le français québécois ne s'explique pas par l'écart entre, d'une part, sa version écrite et sa version orale soutenue et, d'autre part, sa version orale « quotidienne » (à défaut de meilleur terme). Cet écart entre les registres est-il plus marqué au Québec qu'ailleurs ? Cela pourrait expliquer les blâmes assez mal reçus et permettre de mieux décrire cette variété du français.

La question linguistique est une question récente au Québec.

Depuis les années 1960, le Québec a traversé plusieurs crises politiques liées à la promulgation de lois linguistiques. En 1969, il y eut la Loi pour promouvoir la langue française au Québec (projet de loi 63). La Loi sur la langue officielle (projet de loi 22) date de 1974. Trois ans plus tard, on adoptait la Charte de la langue française (projet de loi 101) ; elle a été modifiée plusieurs fois au fil des ans. Encore en 2013, le gouvernement du Parti québécois a essayé, sans succès, de faire voter la Loi modifiant la Charte de la langue française, la Charte des droits et libertés de la personne et d'autres dispositions législatives (projet de loi 14). Cela a pu donner l'impression que la langue était un sujet de discussion neuf au Québec. C'est exactement l'inverse qui est vrai. La langue est peut-être notre plus ancien sujet de discussion.

Les récits des voyageurs en Nouvelle-France regorgent d'allusions à la langue des colons. Le jésuite Charlevoix, en 1722, notait par exemple : « nulle part ailleurs on ne parle plus purement notre Langue. On ne remarque même ici aucun Accent. » Un quart de siècle plus tard, un voyageur finlandais de langue suédoise, Pehr Kalm, va dans le même sens : « Tous, ici, tiennent pour assuré que les gens du commun parlent ordinairement au Canada un français plus pur qu'en n'importe quelle Province de France et qu'ils peuvent même, à coup sûr, rivaliser avec Paris. » Sur le plan de l'histoire de la langue, les déclarations de Charlevoix et de Kalm s'expliquent aisément : alors que l'unité linguistique de la métropole sera un des fruits de la Révolution (« la langue doit être une comme la République », décrète la Convention), elle aurait été acquise dès la fin du XVIIe siècle dans la colonie, à la fois pour des raisons géographiques (les colons étaient majoritairement issus des mêmes régions du nord-ouest et de l'ouest de la France et partageaient

donc une variété de langue semblable) et pour des raisons communicationnelles (la faible densité démographique en Nouvelle-France interdisait le recours à une large variété de patois).

La question de la « pureté » de la langue, liée à une réflexion sur l'« accent », va devenir un leitmotiv du discours sur la langue au Québec. Ses habitants parlent-ils, ou non, une langue aussi pure que celle de la France ? Le problème, devant pareille interrogation, vient du fait qu'on ne saurait définir, de façon satisfaisante, ce qu'est une « langue pure ».

Dès les années 1840, le rapport à l'anglais a pris une place considérable dans la réflexion, populaire ou savante, sur le français québécois. Entourés d'anglophones plus nombreux qu'eux, au Canada et en Amérique du Nord, et placés depuis longtemps sous la domination britannique à la suite du traité de Paris (1763), les francophones du Québec sont quasi quotidiennement en contact avec la langue anglaise. Quelle place doivent-ils accorder aux mots venus de cette langue ? Parmi les réponses à cette question, deux se sont imposées.

La première consistait à fuir comme la peste les anglicismes, en les remplaçant systématiquement par les termes jugés équivalents répertoriés dans les lexiques spécialisés et dictionnaires généraux publiés en France. Chantal Bouchard a détaillé cette conception de la langue dans *La langue et le nombril* (1998 et 2002) et dans *Méchante langue* (2012). La seconde, venue plus tardivement, est de créer au Québec les vocabulaires appropriés s'ils n'existent pas en français. Sur ce plan, les travaux de ce qui s'appelle aujourd'hui l'Office québécois de la langue française font autorité.

Au XXe siècle, des campagnes publicitaires ont été lancées contre les anglicismes et d'autres supposées tares linguistiques québécoises. Des images en dressaient la liste. Regardons-en deux, tirées d'un ouvrage de 1951, *Refrancisons-nous*. Dans l'une, une carte découpe le territoire québécois en cinq zones : « Anglicismes », « Bouches-Molles », « Jargon », « À peu près », « Patois ». À gauche de l'image, on peut lire : « Sa Majesté la Langue Française Vous invite à vous ranger sous son drapeau. Mot de ralliement : parlons mieux! À l'attaque. » Dans l'autre, « Les Dix Commandements du Bon Parler » sont énumérés à droite du drapeau du Québec. Sans surprise, on y retrouve la « pureté », les « anglicismes », les « bouches molles » et « Sa Majesté la Langue française ». (En 1983, André Belleau, qui avait grandi avec de pareilles images, refusait de se prêter aux génuflexions devant le trône de la langue française : « La vérité, c'est que les langues sont des guidounes et non des reines. »)

Les Dix Commandements du Bon Parler

Vivons, parlons en beauté.

Prononçons avec pureté.

Parlons mieux par intérêt, par fierté.

Parlons et achetons en français.

Faisons du français un art populaire.

Évitons les anglicismes.

Articulons avec fermeté.

Guerre aux bouches molles.

Vouons au bon parler un culte national.

Hommage à Sa Majesté la Langue française.

Enfin, on ne saurait aborder les questions de langue au Québec sans les rapporter à l'évolution politique de sa société. Pendant longtemps, les débats linguistiques ont uni inextricablement la langue, la religion (catholique) et la nation (canadienne, puis canadienne-française, puis québécoise). Le poème « Notre langue » (1904), de William Chapman, illustre cette liaison :

> Nous avons conservé l'idiome légué
> Par ces héros quittant pour nos bois leurs falaises
> Et, bien que par moments on le crût subjugué,
> Il est encore vainqueur sous les couleurs anglaises.
> [...]
> Brille donc à jamais sous le regard de Dieu,
> Ô langue des anciens ! Combats et civilise,
> Et sois toujours pour nous la colonne de feu
> Qui guidait les Hébreux vers la terre promise !

Si, en 2015, « le regard de Dieu » ne joue plus de rôle en matière de langue, il n'en va pas de même de la question nationale, que l'on peigne explicitement, ou pas, les « couleurs anglaises ».

Ce parcours historique est trop bref, mais il a pour objectif de mettre en lumière un phénomène qui devrait attirer l'attention de quiconque s'intéresse à la langue au Québec. Depuis le XVIIIe siècle, les termes du débat n'ont guère changé. On discute encore, des siècles plus tard, de « pureté » de la langue, d'accent, d'anglicismes. La religion — « La langue gardienne de la foi » — a été éclipsée par d'autres vecteurs identitaires, mais pas la nation, qui reste indissociable du linguistique. De plus, se profilent, dans toutes les discussions, d'une part, la relation d'amour-haine des Québécois envers la France ou, plus précisément, envers Paris et, d'autre part, le sempiternel discours sur la correction linguistique, voire sur l'hypercorrection. À force de se faire dire qu'ils parlent mal leur langue, qu'ils la parlent plus mal que les Français, les Québécois en sont venus à se forcer pour « bien perler », comme disait un personnage de la pièce *Les belles-sœurs* de Michel Tremblay : « À Paris, tout le monde perle bien, c'est du vrai français partout... C'est pas comme icitte... » (acte I) L'héritage est lourd, et il ne se transforme que très lentement, quand il se transforme.

Le niveau monte !

Si vous m'avez lu jusqu'ici, vous le savez : je ne veux pas être rangé parmi les essentialistes linguistiques. Je suis pas de ceux qui croient que la langue française aurait un « génie » particulier, qu'elle serait d'une « admirable clarté » (ce serait sa « base éternelle »), tel que l'affirmait Rivarol dans son *Discours sur l'universalité de la langue française* à la fin du XVIIIe siècle.

Cela étant, les essentialistes n'ont pas tort sur tout. C'est la loi de la probabilité linguistique : à force de parler de langue, il arrive nécessairement que l'on finisse par avoir raison à l'occasion. Leurs inquiétudes, sur certains plans, ne sont pas sans fondement.

On peut, avec eux, adresser des reproches au système d'éducation (mais pas celui de ne pas enseigner la grammaire : on enseigne la grammaire dans les écoles du Québec). En août 2014, le Conseil supérieur de l'éducation suggérait de mettre en place, au préscolaire et au début du primaire, des activités d'« éveil aux langues » ; c'est dire qu'elles ne sont pas offertes actuellement. L'école pourrait aussi jouer un rôle décisif sur le plan de la compréhension des niveaux de langue : les élèves québécois savent déjà que l'on ne parle pas et que l'on n'écrit pas de la même façon dans toutes les situations de communication, mais ils paraissent incapables de faire accepter cette vérité universelle aux membres de leur famille ; il faudrait mieux les former afin qu'ils puissent prouver à leurs parents qu'ils n'écrivent pas leurs textos comme leurs dissertations. Qu'il s'agisse d'éveil aux langues ou de réflexion sur les usages, cela exige que les futurs professeurs soient le mieux formés possible et que cela soit mesuré finement avant d'octroyer le brevet d'enseignement. Là-dessus, on ne saurait trop insister. En 1983, André Belleau a publié une des phrases les plus profondes qui soient sur le rapport des Québécois francophones à leur langue : « Nous n'avons pas besoin de parler français, nous avons besoin du français pour parler. » L'université devrait inculquer cela aux futurs maîtres, ainsi que deux autres choses : que nous avons besoin du français dans toutes ses variétés et que cela suppose une conscience aiguë de sa propre pratique. Comment acquérir cela ? En écrivant, en lisant, en étant exposé à des réflexions sur l'histoire de la langue et de ses usages. Après, on formera les étudiants aux subtilités de l'accord du participe passé ; ça peut toujours attendre.

Gaston Miron aimait dire qu'il ne s'inquiétait pas du fait que l'on dise *joual* pour *cheval*, mais qu'il craignait d'être forcé de parler une seule langue, celle où l'on dit *horse*. Le maintien de la prédominance du français dans l'affichage et l'obligation d'offrir des services en français dans les commerces et dans l'Administration sont des valeurs acquises au Québec en 2015, mais des valeurs qui exigent de la vigilance, une vigilance qui ne soit pas fondée sur la crainte de l'autre. Le Québec s'est doté en 1977 d'une Charte de la langue française qui n'a rien perdu de sa nécessité. Cette loi décrète le français « langue officielle du Québec » (premier article). Si elle a été contestée au fil des ans (enseignement, affichage, etc.), elle fait maintenant l'unanimité parmi les partis politiques québécois, qui voient en elle une des conditions de la survie du français dans un continent où l'anglais domine. Dans l'espace public, le français est, et doit rester, la langue commune des Québécois. Quoi qu'en pense l'actuel premier ministre provincial, Philippe Couillard, il n'est pas inutile de le rappeler, notamment à l'étranger. Pour les langues d'usage privé, comme pour celles utilisées dans les œuvres artistiques, la plus grande tolérance devrait être de rigueur.

Les essentialistes en ont souvent contre la langue des médias, réputée fautive et truffée d'anglicismes. Sur ce plan, difficile de leur donner tort. De même, on ne saurait trop condamner la faiblesse de la langue de certains de nos élus. Une fois cela reconnu, que faire ? Relever les fautes, les rassembler, moquer ceux qui les commettent, changer de chaîne ou de journal, voter pour quelqu'un d'autre. Continuer à mieux former ceux qui ont pour fonction médiatique de nous informer ou de nous éclairer. Dans le même temps, éviter de s'en prendre indistinctement aux journalistes, chroniqueurs et commentateurs. La phrase « La langue des médias est faible » est aussi dépourvue de sens que « Les jeunes parlent mal ». Dans une société démocratique, on ne saurait guère aller plus loin que ces dénonciations.

« On » exclut
la personne
qui parle.

La sagesse populaire québécoise est pourtant formelle : *on, ce n'est pas moi*, puisque, répète-t-elle à l'envi, « *on* » *exclut la personne qui parle.*

Soit, ci-dessous, deux types d'utilisation du pronom *on*, l'une qui conforte, en quelque étrange sorte, la sagesse populaire, l'autre, non.

D'abord, une anecdote. Je viens de mettre de l'essence.

Moi : Bonjour. J'étais à la pompe numéro 1. Ce sera sur ma carte de crédit.

La caissière : On insère la carte. On a une carte Air Miles ?

Moi : Non.

La caissière : On peut reprendre sa carte.

On, c'est moi.

Dans ce cas, il est évident que le pronom indéfini *on* exclut la personne qui parle, car il a remplacé le pronom de la deuxième personne (*tu, vous*). Cela dispense de maîtriser toutes les formes de la conjugaison. En revanche, cela risque de rendre la conversation un brin impersonnelle. Que répondre ? « On vous remercie » ?

Ensuite, un scénario hypothétique.

L'un(e) à l'autre : Chéri(e), prépare-toi : ce soir, on fera l'amour.

On peut légitimement déduire que celui (ou celle) qui dresse son programme de la soirée ne pense pas à s'exclure de l'invitation. Du moins, on ne le lui souhaite pas.

Pourquoi s'arrêter en si bon chemin ? Le précepte peut être rendu encore plus paradoxal, en faisant appel à l'histoire de la langue.

D'une part, dans la langue classique, *on* est parfois utilisé pour la première personne du singulier (il inclut alors *seulement* la personne qui parle) : « Il suffit que l'on est contente du détour / Dont s'est adroitement avisé votre amour », déclare Bélise dans *Les femmes savantes* de Molière (1672, acte I, scène iv).

D'autre part, l'équivalence entre *on* et *nous* est avérée depuis longtemps dans les textes littéraires (le pronom indéfini inclut alors *nécessairement* la personne qui parle). De même, quand Pierre Lalonde chantait, en 1963, « Nous, on est dans le vent », il s'incluait dans ces deux pronoms. Il existe une raison liée à la forme du français, à sa morphologie, pour expliquer cette équivalence. Si vous dites « J'aime », « Tu aimes », « Il(s) aime(nt) », « Elle(s) aime(nt) », pourquoi ne pas dire, par analogie et au lieu de « Nous aimons », « On aime » ? Vous n'aurez plus qu'à maîtriser une seule forme différente, la deuxième personne du pluriel, « Vous aimez ». Cela vous aura simplifié la vie (verbale).

Reste ouverte la question de l'origine de pareil faux précepte. À défaut de pouvoir y répondre, proposons une hypothèse. À une époque, l'école québécoise ne conseillait-elle pas, par pudeur, de prononcer *que* la lettre *q* ? N'a-t-elle pas gravé dans l'esprit de générations d'élèves la détestation des verbes *être* et *avoir* ? Avec « *on* » *exclut la personne qui parle*, elle n'en serait pas à sa première élucubration linguistique.

DÉLIER
LES LANGUES

Utiliser des anglicismes, c'est (le) mal.

Il pourrait arriver, me dit-on, que des Québécois, devant le français hexagonal, considèrent que celui-ci, à l'occasion, est composé d'un nombre — comment dire ? — peut-être inutilement élevé de mots venus un peu trop directement de la langue de Shakespeare. Les Français, bref, abuseraient des anglicismes.

Il y a bien sûr du vrai dans pareil sentiment. En 2015, une campagne de publicité n'a-t-elle pas tourné sur les réseaux sociaux pour railler la propension des Français à employer des mots anglais dans la conversation ? Ne sont-ils pas coupables d'avoir inventé des « faux anglicismes », des mots qui ressemblent à des mots anglais, mais qui n'existent pas dans cette langue (*brushing, footing, camping-car, tennisman*), ce qui est le signe de leur passion pour elle ?

On l'a vu : au Québec, depuis au moins les années 1840, l'opprobre contre les anglicismes est universel. Le langage militaire est convoqué pour les combattre. *L'anglicisme, voilà l'ennemi* est le titre d'un ouvrage de Jules-Paul Tardivel paru en 1880. Quelques décennies plus tard, l'abbé Étienne Blanchard restait dans le même registre : *En garde ! Termes anglais et anglicismes dans le commerce, les amusements, les professions, les métiers, les voyages, à la ferme, au parlement, etc.* On ne compte plus les chroniques linguistiques et les répertoires pour les pourchasser. Les Québécois, bref, abuseraient des anglicismes.

Les dangers de l'anglicisme

« Chez nous, l'adoption de mots étrangers appauvrit la langue. L'usage fréquent de mots anglais démontre d'abord l'indigence de notre vocabulaire français et ensuite le peu de respect que nous avons de notre langue maternelle. Enrichissons donc notre vocabulaire d'un plus grand nombre de mots français, au moins des mots usuels, afin d'être plus en mesure de résister aux dangers qui nous menacent. Qu'on le veuille ou non, nous subissons une métamorphose dont il ne faut pas trop se glorifier. Nos traditions s'en vont, notre mentalité se déforme, nos mœurs se vicient et le bon goût, qualité française, se meurt. Que reste-t-il du bel héritage de nos pères! Que sont devenues les coutumes familiales, l'autorité des parents sur leurs enfants, les habitudes de respect et d'obéissance de la part de ceux-ci, la franchise, la politesse, la cordialité, la simplicité, la confiance entre amis, entre voisins, l'hospitalité courtoise et sincère, le res-pect de la parole donnée, la rigidité des principes dans toutes les questions où l'honneur est en jeu et combien d'autres belles vertus ancestrales! »

Joseph Dumais, *Le parler de chez nous*, 1922

Comme c'est toujours le cas en matière de langue, il faut nuancer. Si, dans le registre familier, il est vrai que les anglicismes sont courants au Québec — il suffit de tendre l'oreille —, les études sur le registre soutenu tendent à révéler que la chasse qu'on leur mène depuis le XIXe siècle aurait porté fruit. Dans *Le Devoir*, par exemple, Marie-Éva de Villers (2005) note qu'ils sont fort peu nombreux. Montre-moi ton anglicisme : je te dirai à qui tu parles.

Cela étant, la situation serait avérée, ici et là-bas : l'anglicisme guetterait. Faut-il s'en inquiéter ?

Pour la France, le recours au lexique anglo-américain est certes désagréable pour qui en est peu friand, mais il ne met pas en péril la langue. D'un côté, beaucoup d'anglicismes, du moins les plus anciens, y sont intégrés au système phonétique de la langue : on les prononce souvent comme s'il s'agissait de mots français. De l'autre, le français est la langue dominante sur le territoire du pays et les langues qui l'entourent ou le côtoient ne sont pas perçues comme des menaces. Autrement dit, le français n'est pas une langue à protéger contre les assauts de l'anglais.

S'agissant du Québec, c'est un brin plus complexe. Les Québécois prononcent maints anglicismes en utilisant le système phonétique de l'anglais ; ceux-ci ne sont dès lors pas seulement des emprunts lexicaux, mais aussi des emprunts phonétiques (ils font entendre une langue dans une autre). Ils peuvent aller jusqu'à « contaminer » la prononciation de mots français considérés par erreur comme des mots anglais (« slogan » devenu un jour « slogueune » à la radio de Radio-Canada). Voisins de centaines de millions d'anglophones, les Québécois craignent que leur langue ne soit effacée au profit de l'anglais et, dès lors, les anglicismes sont plus menaçants pour eux, car ils peuvent les percevoir comme les prémices d'une invasion. Leur insécurité linguistique étant ce qu'elle est (on y reviendra), leur rapport au lexique anglo-américain risque de ne guère être serein.

On accuse très fréquemment les Français d'avoir recours aux anglicismes par snobisme ; ce serait, chez eux, affaire de standing (prononcé « à la française »). Cette attitude — si tant est qu'elle soit réelle — n'est guère celle des Québécois, à qui les anglicismes ont longtemps été imposés (par la géographie, par les milieux de travail, par l'inexistence de vocabulaires techniques ou scientifiques valorisés, etc.). À qui prenaient-ils des mots ? Reprenons le joli titre d'un livre de Chantal Bouchard : *On n'emprunte qu'aux riches* (1999). Les emprunteurs québécois auraient été, pendant longtemps, des pauvres. Il n'est pas dit qu'ils doivent le rester. Ils le sont déjà moins qu'ils ne l'ont été.

Bien parler,
c'est
se respecter.

C'était il y a longtemps : j'ai été jeune. Je peux me souvenir d'un slogan linguistique que l'on ne voit plus, même si son esprit demeure. « Bien parler, c'est se respecter », disait-on alors (c'était pendant les années 1960).

Cette injonction pose deux problèmes principaux.

Le premier m'a jadis été indiqué par Jean-Marie Klinkenberg. Ce professeur et auteur belge, président du Conseil de la langue française et de la politique linguistique de la Fédération Wallonie-Bruxelles, connaît bien le Québec pour y être venu plusieurs fois. Il se souvient d'avoir entendu ce « Bien parler, c'est se respecter » lors d'un de ses premiers séjours. En bon analyste du discours, il a vu ce que révélait implicitement cette phrase : « Si vous croyez mal parler, vous ne vous respectez pas. Taisez-vous. » Dans l'introduction de son plus récent livre, *La langue dans la Cité* (2015), il tient des propos semblables : « Pour la déconstruire, je retournerai contre elle-même l'idée selon laquelle l'usager doit respect à la langue : je prétends en effet que ce n'est pas elle qui est digne de nos soins, mais ceux qui la parlent. »

Le second problème de ce slogan, c'est qu'il donne à penser qu'il existe une seule façon de parler, en toutes circonstances : « bien ». Pourtant, l'être humain a toujours adapté son registre aux situations de communication dans lesquelles il se trouvait. Pour illustrer cela, la linguiste Anne-Marie Beaudoin-Bégin, dans le chapitre « Le registre familier : aussi légitime qu'un autre » de *La langue rapaillée* (2015), fait appel à l'image de la cravate :

> prétendre que les règles du registre soigné sont pertinentes dans toutes les situations, c'est prétendre que la cravate est toujours nécessaire. Or, parfois, on ne met pas

de cravate. Et même, parfois, pour prendre position, pour donner de la force à son image, on peut, consciemment, mettre sa cravate à l'envers [...].

Mettre sa cravate, ne pas la mettre ou la mettre à l'envers : ces trois gestes supposent que l'on sache ce que chacun représente dans une situation donnée, que l'on maîtrise les règles du jeu, que l'on puisse faire jouer sa liberté en toute connaissance de cause.

En matière de langue, la situation n'est pas différente. Anne-Marie Beaudoin-Bégin ne cesse de répéter qu'il n'y a pas « UNE langue française », mais « DES langues françaises » et qu'il faut savoir à quel moment utiliser le registre familier et à quel moment utiliser le registre soigné : « Le registre soigné est essentiel, mais il n'est pas nécessaire dans toutes les situations sociales. » Tout est affaire de contextes, d'autant que ces registres ne sont pas des essences, figées dans le temps et dans l'espace, et qu'ils peuvent varier : « Il n'y a [...] pas un seul registre soigné en français, mais bien plusieurs. »

Cette attitude est à l'exact opposé de celle de l'auteur de *Refrancisons-nous*. En 1951, sur deux colonnes, il prêtait « l'oreille », par exemple, « au tailleur qui parle bien sa langue ». À gauche, on lisait la seule forme réputée correcte : « Il dit. » À droite, ce qu'il lui fallait corriger : « Il ne dit pas. » Les messages de ce genre ne tiennent nullement compte des contextes. Or il est facile d'imaginer des situations où ce tailleur préférait ne pas porter sa cravate et parler de *tuxedo* plutôt que de *veston de soirée*. Si le contexte se prêtait à cet usage, peut-on le lui reprocher ?

En matière de langue, l'adaptabilité, et les connaissances qu'elle exige, est plus importante que le respect sans imagination.

Prêtons l'oreille au   *qui parle bien sa langue.*

— 1 —

Il dit   **Il ne dit pas**

Un pardessus_____Un overcoat.
Un habit_____Un coat.
Un chandail_____Un sweater.
Une jaquette_____Un morning-coat.
Un veston de soirée_____Un tuxedo.
Des salopettes_____Des overalls.
Un col de chemise_____Un collet de chemise.
Un pan de chemise_____Une queue de chemise.
Un coupe-vent_____Un wind-breaker.
Un paletot_____Un capot.

— 2 —

Des vêtements de rechange_____Des vêtements de change.
Des articles pour hommes_____Gents' furnishings.
Des vêtements confectionnés____Ready made tailoring.
Des culottes bouffantes_____Des breeches.
Du linge de corps_____Du butin de corps.
La visière d'une casquette_____La palette d'une casquette.
Un habit mal ajusté_____Un habit mal amanché.
Marchands de hardes faites____Marchands de confections.
Magasins de nouveautés_____Magasins de marchandises sèches.
Habits du dimanche_____Butin de dimanche.

— 3 —

Examine ce nouvel imperméable____Examine ce nouveau raincoat.
Voici un joli costume de bain_____Voici un joli brayet.
Cet habit est en étoffe de ménage___Cet habit est en étoffe du pays.
C'est de la très bonne étoffe_____C'est un très bon stuff.
Désirez-vous des culottes bouffantes?Désirez-vous ces bloomers?
Je puis vous accorder un rabais_____Je puis vous faire du bon.
Aimez-vous ce genre de tissu beige?_Aimez-vous ce genre de tissus drab?
Je vous fais des conditions faciles___Je vous fais des conditions aisées.
Ce compte ne concorde pas_____Ce compte n'arrive pas.
Pourrez-vous payer d'avance?_____Pourrez-vous payer à l'avance.
Vous faites là un très bon marché___Vous faites là une très bonne bargain
Cette marchandise est-elle étiquetée_Cette marchandise est-elle libellée?

P.-S.—On aurait pu croire caducs les classements Dire / Ne pas dire. C'est pourtant encore une des rubriques du site de l'Académie française.

La langue anglaise s'impose grâce à sa facilité.

Certains l'appellent « The Chaos ». D'autres utilisent le titre « English is Tough Stuff » (L'anglais est difficile). Il s'agit d'un poème initialement rédigé par un Néerlandais féru de langue, Gerard Nolst Trenité. De sa première version, celle de Trenité, en 1920, à la plus récente, celle de la Spelling Society, en 1992-1993, le texte est passé de 146 vers à 274. Il regorge de pièges linguistiques. Prenons les huit premiers vers.

Dearest creature in creation
Studying English pronunciation,
    I will teach you in my verse
    Sounds like corpse, corps, horse and worse.

I will keep you, Susy, busy,
Make your head with heat grow dizzy ;
    Tear in eye, your dress you'll tear ;
    Queer, fair seer, hear my prayer.

Des mots s'écrivent pareillement, mais se prononcent de façon différente (*tear*). Les mêmes lettres appellent quatre prononciations (*corpse, corps, horse, worse*). Le *u* de *Susy* n'est pas celui de *busy*. Le début de *creature* et *creation* est le même ; pas la manière de les dire.

Prenons un autre poème, « Why English is Hard to Learn » (Pourquoi il est difficile d'apprendre l'anglais).

We'll begin with box ; the plural is boxes,
But the plural of ox is oxen, not oxes.
One fowl is a goose, and two are called geese,
Yet the plural of moose is never called meese.

You may find a lone mouse or a house full of mice ;
But the plural of house is houses, not hice.
The plural of man is always men,
But the plural of pan is never pen.

Il ne s'agit pas de prononciation, mais de création du pluriel.
Box donne *boxes*, mais *ox* fait *oxen*. Ce n'est pas plus simple
pour *house* (*houses*) et *mouse* (*mice*).

Vous préférez la chanson à la poésie ? Allez écouter « Let's
Call the Whole Thing Off » (1937), la chanson des frères
Gershwin rendue célèbre par Fred Astaire et Ginger Rogers.
Vous verrez qu'il existe, pour les mêmes mots, à l'intérieur
de l'anglais, des prononciations différentes selon la géogra-
phie ou les conditions sociales.

Résumons : bien prononcer l'anglais est moins simple
qu'il n'y paraît et s'y retrouver dans les pluriels de mots
courants ne va pas de soi. On pourrait dire la même chose
de sa syntaxe, de son lexique ou de son orthographe. Cela ne
revient pas à dire que l'anglais est une langue plus difficile
que les autres. Il s'agit simplement de rappeler que chaque
langue a ses caractéristiques propres.

Or, prétendent plusieurs, l'anglais serait dorénavant une
langue universelle parce qu'elle serait plus simple que les
autres. Corollaire : le français est trop compliqué. Comment
expliquer cela ?

Si l'anglais est une des langues dominantes du monde,
s'il en existe un ersatz appelé *globish* (un *anglais global*,
mondialisé), ce n'est pas à cause de ses propriétés linguistiques. Comme le latin, puis l'italien, puis le français, l'anglais s'est imposé pour des raisons qui ne sont pas d'abord
linguistiques. Dans « Langue et nationalisme » (1983),
après d'autres, André Belleau résumait cela d'une formule :

« Une langue, c'est un dialecte qui s'est doté un jour d'une armée, d'une flotte et d'un commerce extérieur... » Pour l'instant, le commerce extérieur le plus puissant est celui des États-Unis, et c'est pourquoi leur langue semble dominer le monde.

Demain, ce sera peut-être le mandarin.

Tous les mots
sont dans le
dictionnaire.

En argot de la presse, cela s'appelle un marronnier : à intervalles réguliers, les médias nous assomment avec le même sujet, mis au goût du jour. S'agissant de langue, deux marronniers dominent : le niveau baisse (n'y revenons pas) ; le dictionnaire accueille de nouveaux mots.

À chaque parution du *Larousse* ou du *Robert* — c'est la même chose pour le dictionnaire de l'Académie française, mais cela se produit moins souvent —, on diffuse largement la liste des mots qui ont l'honneur d'entrer au dictionnaire. Cette information en masque deux, potentiellement plus intéressantes.

Les auteurs de ces marronniers ne disent jamais aux acheteurs quels mots sont retirés des dictionnaires pour laisser la place aux nouveaux, comme si la langue n'évoluait que dans un sens, par l'ajout infini de nouveaux mots, de nouvelles formes, de nouvelles significations. Pourtant, il arrive que des mots tombent en désuétude, du moins dans la langue commune : voilà pourquoi les lexicographes les retirent de leur nomenclature. C'est aussi cela la vie de la langue.

On ne dit pas non plus que les dictionnaires, malgré les apparences, ne contiennent pas tous les mots, même si cela s'explique simplement : dans les ouvrages en un volume destinés à un public généraliste, il n'y a pas la place. (Trois chiffres : *Le petit Larousse* de 2011 a 59 000 mots ; *Le petit Robert*, 60 000 ; dans la première de ses *Conversations sur la langue française* avec Michel Braudeau, Pierre Encrevé évalue « les mots différents en français » à « au moins deux millions ».) Tout dictionnaire, jusqu'à ce jour, était une sélection, quelle que fût l'orientation méthodologique de ses concepteurs.

Sur ce plan, distinguons deux écoles, bien que, dans la réalité des pratiques, pareille partition soit loin d'être claire.

Les tenants de l'approche prescriptive choisissent les formes qu'ils jugent correctes et écartent ce qu'ils considèrent fautif. Au Québec, cette façon de procéder est celle de Marie-Éva de Villers et de son *Multidictionnaire de la langue française*. À l'opposé, les lexicographes de l'école descriptive, par exemple l'équipe rassemblée autour de Jean-Claude Boulanger pour le *Dictionnaire québécois d'aujourd'hui*, visent plus la description d'un état de langue que l'imposition d'une norme. Les premiers restreignent volontairement le champ ; les seconds, qui voudraient ratisser le plus large possible, y sont forcés pour des questions d'espace.

Cela était vrai jusqu'à l'apparition du numérique : le dictionnaire opérait obligatoirement une sélection. Voilà pourquoi il était toujours préférable d'avoir plusieurs dictionnaires sous la main, chacun ayant ses règles d'inclusion et d'exclusion spécifiques. On peut désormais rêver d'un dictionnaire qui contiendrait tous les mots d'une langue : les mots usuels, les mots anciens, les hapax (ces mots dont il n'existe qu'une seule occurrence), et pas seulement ceux que les auteurs de dictionnaires ont retenus. Une question se pose, il est vrai : repérer tous les mots du monde, sans les filtrer, est-ce encore constituer un dictionnaire ? Le dictionnaire ne ferait-il pas alors place à une base de données ?

C'est, en tout cas, le projet, en anglais, de Wordnik.com, ainsi que le clame le bandeau du site : « All the words. » Vous y découvrez un mot que les dictionnaires considèrent « non standard », mais sans marque d'usage ? C'est normal : Wordnik n'a aucune volonté normative. Vous avez inventé un mot ? Envoyez-le à l'équipe d'Erin McKean ; elle le mettra en ligne. Vous croyez qu'il est indispensable que des équipes de lexicographes filtrent les nouveaux mots et les nouvelles définitions ? Wordnik va vous troubler : on y fait largement confiance aux machines et à leurs algorithmes pour moissonner Internet et y repérer l'inédit linguistique. L'ensemble de la langue anglaise devrait y être accueilli.

Tous les mots sont dans le dictionnaire? Voilà une idée reçue qui pourrait devenir une vérité.

Un projet légèrement différent occupe des chercheurs de l'Université de Sherbrooke. À l'origine, ce projet s'appelait FRANQUS, et c'était un excellent nom : il s'agissait d'établir un dictionnaire du français (*FRAN*) québécois (*Q*), histoire d'en décrire l'usage standard (*US*), cela depuis l'Université de Sherbrooke (*US*, bis). Une fois diffusé, uniquement sur Internet, on a rebaptisé le dictionnaire Usito, ce qui est nettement moins heureux. Je subodore qu'un *consultant* a dû *tester* le nom auprès de *focus groups* avant d'arriver à cette désignation sans référent.

FRANQUS (gardons ce nom) n'a pas la visée de Wordnik. Tous les mots du français québécois n'y figureront pas, puisque ses concepteurs essaient de saisir la « norme valorisée » de ce français, son usage « standard ». Cela étant, ce dictionnaire numérique a le double avantage de n'être soumis à aucune contrainte d'espace — on peut y ajouter des mots sans en retirer — et de pouvoir évoluer — on peut revoir les définitions existantes et ajouter de nouveaux mots. (Pour l'instant, il compte 60 000 mots et 100 000 définitions.) À défaut de réconcilier l'école descriptive et l'école prescriptive, le portrait et la norme, FRANQUS, « le dictionnaire nord-américain du français », devrait permettre de saisir au plus près l'évolution du français québécois. L'avenir des dictionnaires est dans des projets de cette nature.

Ce n'est pas tout. Les concepteurs de dictionnaires numériques ont dorénavant l'occasion de connaître dans le détail les requêtes que leur adressent les internautes. Ce faisant, ils peuvent inclure des mots en fonction de ces requêtes. En effet, si plusieurs lecteurs cherchent un mot en particulier dans un dictionnaire et ne le trouvent pas, n'est-ce pas un indice qu'il devrait y être, qu'on en recommande (ou pas) ou qu'on en décrive l'usage? Les dictionnaires lisent maintenant leurs utilisateurs.

Cela rendra la tâche des journalistes plus pénible. Ils devront traiter d'autres marronniers.

Le bilinguisme
est une
richesse
collective.

Pendant les élections provinciales québécoises de 2014, au cours d'un débat télévisé, le chef du Parti libéral du Québec, Philippe Couillard, a fait une déclaration qui lui a beaucoup été reprochée, et à juste titre. Il jugeait nécessaire, au Québec, que les ouvriers soient bilingues « sur le plancher de l'usine », histoire de répondre aux questions que leur adresseraient en anglais d'éventuels visiteurs.

Laissons de côté le fait que, pour Philippe Couillard, le bilinguisme suppose immédiatement la connaissance de l'anglais. Or être bilingue, c'est parler deux langues ; ce n'est pas parler l'anglais et une autre langue.

Recommandons-lui plutôt la lecture du chapitre « La langue » de *Moi, je m'en souviens* (1989) de Pierre Bourgault. À la question « Qui, des Japonais ou des Québécois, fait le plus d'affaires avec les Américains ? », l'auteur répondait : « La réponse va de soi. § Or, il n'y a que 1,4 % de la population japonaise qui parle anglais [...]. » Il poursuivait :

> Dans tous les pays du monde, on a besoin d'une minorité de gens qui parlent d'autres langues pour entretenir des relations politiques, économiques ou culturelles avec l'étranger ou pour les mieux accueillir chez soi.
>
> Cela se fait tout naturellement pendant que la majorité peut continuer de vaquer à ses occupations, gagner sa vie et dépenser son argent dans sa propre langue.
>
> Ce qui n'empêche nullement les gens d'apprendre autant de langues qu'ils le veulent pour leur propre plaisir.

Suggérons aussi à Philippe Couillard, et aux gens qui pensent comme lui, de lire *Parler plusieurs langues* (2015) de François Grosjean. Il saisirait alors la complexité des phénomènes qui se cachent sous le mot *bilinguisme*, la diversité des expériences auxquelles il renvoie, la richesse linguistique qu'il résume. Il comprendrait surtout qu'en matière de bilinguisme, comme c'est si souvent le cas en matière de langue, tout est affaire de contexte. On n'est pas nécessairement bilingue toute sa vie et on n'a généralement pas besoin de l'être dans tous les aspects de son existence.

S'il avait pareilles lectures, l'actuel premier ministre du Québec pourrait arrêter de confondre l'intérêt *individuel* du bilinguisme — on ne saurait reprocher à quiconque d'avoir accès à plus d'une langue — et ses risques *collectifs* — il n'existe aucune situation où deux langues sont véritablement égales, du moins sur le plan socio-économico-politique. Le Canada est un pays officiellement bilingue et tout démontre que le statut de l'anglais et du français, dans les faits, n'y est pas équivalent.

Ne pas distinguer l'individuel du collectif, c'est gouverner sans tenir compte de la réalité québécoise et de sa transformation linguistique depuis le début des années 1960, de son passage d'un bilinguisme de fait à un unilinguisme décrété par l'État. Est-il vraiment indispensable de revenir à une époque où les Québécois vivaient dans une langue, mais devaient en maîtriser une seconde pour travailler ?

POSTFACE

Pour un francophone, il est probablement plus facile de lutter contre l'essentialisme que contre une maladie répandue, mais peu douloureuse, qui affecte sa communauté. Cette maladie a été décrite par Jean-Marie Klinkenberg dans le premier chapitre de son ouvrage *La langue et le citoyen* (2001) : « Un francophone, c'est d'abord un sujet affecté d'une hypertrophie de la glande grammaticale ; quelqu'un qui, comme Pinocchio, marche toujours accompagné d'une conscience, une conscience volontiers narquoise, lui demandant des comptes sur tout ce qu'il dit ou écrit. » Il est normal pour qui souffre de cette hypertrophie de s'interroger sur ce qu'il dit, sur comment il le dit et sur comment un autre le dirait.

Cette interrogation peut être douloureuse et prendre la forme de l'« insécurité linguistique » ou de la « fragilité linguistique », voire de la « culpabilité linguistique » ou du « désarroi linguistique », sentiments dont les Québécois n'ont pas le monopole. La personne qui parle vit alors sur le mode de la crispation son rapport à la langue, elle s'inquiète de la façon dont elle sera entendue, elle est continuellement menacée par la *faute* ou ce qu'elle croit tel. (Des linguistes, magnanimes, utilisent le mot *écart*. Ça ne fait pas moins mal.) Aussi récemment qu'en 2004, un grand quotidien montréalais (*La Presse*) lançait une chronique destinée à corriger les erreurs de langue les plus fréquentes au Québec, renouant par là avec une longue tradition d'hypercorrection et donc de discours punitif.

N'y a-t-il pas moyen d'apprendre à vivre avec ce trouble glandulaire sans en souffrir outre mesure ? Je suis de ceux qui ne se résignent pas à ce que l'on puisse préférer *décéder* à *mourir*. Je suis marri qu'un plombier, au lieu de reconnaître un *problème*, me dise : « *Ma problématique, c'est ce tuyau-là.* » *Quitter*, pour moi, exige un complément d'objet : on ne devrait pas dire *J'ai quitté à cinq heures* ; je n'en démordrai pas. En bon francophone, je n'hésite pas à demander « des comptes » en matière de langue à ceux qui m'entourent, sur ces façons-là de dire ou sur d'autres. (Je vis avec mes idées reçues sur la langue et mes propres obsessions.) Aborder ces expressions avec humour et détachement me paraît la meilleure façon d'accepter sa condition.

Remerciements

Chantal Bouchard, Joël Castonguay-Bélanger, Francis Gingras et Marie Malo ont lu des versions préliminaires de ce livre.

Louis-André Dorion m'a transmis la citation des *Mémorables* de Xénophon.

Jérémi Coutu Perrault m'a aiguillé vers des textes sportifs anciens.

L'équipe de Del Busso éditeur m'a accueilli, encore une fois, avec enthousiasme.

Merci.

Sources

Depuis le 14 juin 2009, je tiens blogue à *L'oreille tendue* (oreilletendue.com). J'ai également publié plusieurs articles sur la langue au Québec, dont les suivants :

> « Cinq idées reçues sur la langue (au Québec) », dans Miriam Fahmy et Antoine Robitaille (édit.), *Jeunes et engagés*, Montréal, Fides et Institut du Nouveau Monde, 2005, p. 69-71 ;

> « La glande grammaticale suivi d'un Petit lexique (surtout) montréalais », *Cités. Philosophie. Politique. Histoire*, 23, 2005, p. 233-241 ;

> « Parler français au Québec », *Lion* (édition française), 662, décembre 2013, p. 65-67.

> « Leur langue, c'est pas de la marde », *Argument*, 17, 2, printemps-été 2015, p. 97-103.

On ne s'étonnera pas qu'il y ait des recoupements entre mon blogue, ces textes et cet ouvrage.

Pour sa perspective globale, ce livre doit beaucoup à deux ouvrages qui ont abordé les idées reçues en matière de langue d'un point de vue français : *Catalogue des idées reçues sur la langue* (1988) de Marina Yaguello et *Parlez-vous français ? Idées reçues sur la langue française* (2011) de Chantal Rittaud-Hutinet.

Il doit également beaucoup à une conférence sur la langue que j'ai donnée plusieurs fois, notamment pour l'Université du troisième âge de l'Université de Sherbrooke.

Le niveau baisse !

Les deux quiz sont inspirés d'un texte de Jean-Marie Klinkenberg paru en 1992, « Le français : une langue en crise ? ». L'étude du Conseil supérieur de la langue française a été menée par Éric Kavanagh, Caroline Marcoux, Isabelle Paré et Renée-Lise Roy.

Les Québécois parlent franglais.

Bronwen Low, Amy J. Ransom, Mela Sarkar et Lise Winer ont étudié, seules ou pas, le métissage linguistique dans le rap et le hip-hop québécois. La revue *Argument* se demandait, en 2015, « Notre avenir sera-t-il franglais ? » Les linguistes, pour désigner le mélange des langues chez un même locuteur, parlent d'*alternance codique* (*code switching*) ; ce terme est plus juste, et moins connoté, que *franglais*.

Les Québécois parlent le québécois.

La lettre de Crémazie est citée d'après le *Miroir du français* de Francis Gingras (2014). Le joual est-il une langue ? Certains, par exemple Hélène Cajolet-Laganière et Pierre Martel en 1995, disent que oui. Tout le monde, au sein de la communauté linguistique, n'est pas d'accord (voir l'article de Wim Remysen paru en 2003) — ni ne l'était au moment de la « crise » du joual. Dans son analyse d'une forme du français télévisuel au Québec parue en 2011, Davy Bigot arrive à des conclusions semblables à celles de Marie-Éva de Villers. C'est aussi le cas, en matière de lexique, pour Pierre Martel (2000). À la suite de plusieurs linguistes, je préfère « français de référence » à « français standard » ou à « français international ».

Les Québécois ne parlent pas français.
Dans le chapitre « La gloire du paysan » de son ouvrage *La langue et le nombril*, Chantal Bouchard consacre quelques pages à « La querelle du patois. 1910-1940 ». J'emprunte le mot « lutétiotropisme » à un article de Jean-Marie Klinkenberg paru en 1981.

**La question linguistique
est une question récente au Québec.**
Sur les lois linguistiques québécoises, l'ouvrage de référence est celui de Jean-Claude Corbeil, *L'embarras des langues* (2007). Sur l'histoire du français au Québec, on lira les collectifs dirigés par Michel Plourde et Pierre Georgeault (2008), et Alexandre Stefanescu et Pierre Georgeault (2005). La citation de Charlevoix est tirée de la troisième lettre du premier volume du *Journal d'un voyage fait par ordre du roi dans l'Amérique septentrionale* publié par les Presses de l'Université de Montréal. Le *Voyage de Pehr Kalm au Canada en 1749* a été édité en 1977 ; la citation est du 11 octobre. Les statistiques sur l'origine des colons en Nouvelle-France et la remarque sur l'unification linguistique de la colonie proviennent d'articles de Claude Poirier (1980) et de Normand Beauchemin (1984) et de livres d'Hélène Cajolet-Laganière et Pierre Martel (1995) et de Jean-Claude Corbeil (2007). Quelques-unes des illustrations évoquées dans le texte ont été reproduites par Gilles Pellerin dans *Récits d'une passion* (1997). Je tire également de cet ouvrage le poème « Notre langue » de William Chapman, du recueil *Les aspirations : poésies canadiennes* (Paris, 1904). « Bouches molles » est aussi le titre d'un article de Louis Lalande (1918). Presque cent ans plus tard, en 2012, Lysiane Gagnon, du quotidien *La Presse*, publie un article intitulé « Le syndrome de la

bouche molle ». On trouve une représentation spectaculaire de « sa majesté la langue française » dans un texte de 1937 de Laurent Tremblay intitulé *Hommage à la langue française*. Dans les didascalies de cette pièce à grand déploiement, on lit : « *La Langue Française apparaît en Reine richement parée.* » *Les belles-sœurs* sont citées dans la version du *Miroir du français* (2014).

Le niveau monte !
Je cite Rivarol dans l'édition procurée dans *Miroir du français* (2014).

« On » exclut la personne qui parle.
Je dois le passage sur l'histoire du pronom *on*, y compris la citation de Pierre Lalonde, à mon collègue, et néanmoins ami, Francis Gingras.

Bien parler, c'est se respecter.
Jean-Claude Germain s'est souvenu de ce slogan pour le sous-titre de sa pièce de 1971, *Si les Sansoucis s'en soucient, ces Sansoucis-ci s'en soucieront-ils ? Bien parler, c'est se respecter !*

La langue anglaise s'impose grâce à sa facilité.
Les ouvrages ne manquent pas sur le *globish*. Rendant compte de *Globish. How the English Language Became the World's Language* (2010) de Robert McCrum, un journaliste du magazine *The New Yorker*, Isaac Chotiner écrit : « Armies and navies are ultimately more important than syntactic mechanisms in establishing a language's dissemination. » C'est Belleau qui aurait été content.

Tous les mots sont dans le dictionnaire.
Le travail des concepteurs de dictionnaires vous intéresse ?
Lisez *Profession lexicographe* (2006) de Marie-Éva de
Villers. Les nombres de mots du *Larousse* et du *Robert* sont
tirés de *Parlez-vous français ?* (2011) de Chantal
Rittaud-Hutinet. Bernard Pivot a consacré un ouvrage en
2004 à ces mots disparus ou menacés de disparition des
dictionnaires les plus usuels en France, *100 mots à sauver*.
Sur l'opposition entre les deux grandes familles de lexicographes, on consultera *La langue rapaillée* d'Anne-Marie
Beaudoin-Bégin (2015) ou l'essai très personnel de David
Foster Wallace, « Tense Present. Democracy, English, and
the Wars over Usage » (2001). En 2014, Claude Poirier a mis
en ligne, à l'Université Laval, une critique sévère de plusieurs aspects du dictionnaire numérique Usito, tout en
reconnaissant qu'il « pourrait devenir, dans un avenir pas
trop lointain, le *vade-mecum* québécois le plus utile en
matière de langue ». Sur l'évolution des dictionnaires au
Québec, on verra l'ouvrage collectif publié sous la direction
de Monique C. Cormier et de Jean-Claude Boulanger en
2008. J'emprunte la phrase « Les dictionnaires lisent maintenant leurs utilisateurs » à Jennifer Howard (2013).

Postface
Le concept d'« insécurité linguistique », mis de l'avant par le
sociolinguiste William Labov, est fréquemment utilisé au
Québec, par exemple par Anne-Marie Beaudoin-Bégin
(2015). J'emprunte les expressions « fragilité linguistique »
à Jean-Marie Klinkenberg (2015), « culpabilité linguistique »
à Jean-Denis Gendron (1983) et « désarroi linguistique » à
Marina Yaguello (1988).

Bibliographie

Argument, 17, 2, printemps-été, 2015, p. 95-144. Dossier « Notre avenir sera-t-il franglais ? »

Beauchemin, Normand, « La langue des francophones du Québec », dans René Dionne (édit.), *Le Québécois et sa littérature*, Naaman et ACCT, 1984, p. 364-377.

Beaudoin-Bégin, Anne-Marie, *La langue rapaillée. Combattre l'insécurité linguistique des Québécois*, Somme toute, 2015.

Belleau, André, « Langue et nationalisme », *Liberté*, 146 (25, 2), avril 1983, p. 2-9. Repris dans *Y a-t-il un intellectuel dans la salle ?*, Primeur, 1984, p. 88-92, dans *Surprendre les voix*, Boréal, 1986, p. 115-123 et dans Francis Gingras (édit.), *Miroir du français. Éléments pour une histoire culturelle de la langue française*, Presses de l'Université de Montréal, 2014 (troisième édition), p. 425-429.

Bénit, André, « Le malaise du français : prise de conscience ou crise de conscience ? », 2000. http://dialnet.unirioja.es/descarga/articulo/1212374.pdf

Bigot, Davy, « De la norme grammaticale du français parlé au Québec », *Arborescence : revue d'études françaises*, 1, 2011. http://id.erudit.org/revue/arbo/2011/v/n1/1001939ar.html

Blanchard, abbé Étienne, *En garde ! Termes anglais et anglicismes dans le commerce, les amusements, les professions, les métiers, les voyages, à la ferme, au parlement, etc.*, Librairie Beauchemin, limitée, 1925 (sixième édition).

Bouchard, Chantal, *On n'emprunte qu'aux riches. La valeur sociolinguistique et symbolique des emprunts*, Fides, 1999.

Bouchard, Chantal, *La langue et le nombril. Histoire d'une obsession québécoise*, Fides, 1998 ; nouvelle édition mise à jour, 2002.

Bouchard, Chantal, *Méchante langue. La légitimité linguistique du français parlé au Québec*, Presses de l'Université de Montréal, 2012.

Boulanger, Jean-Claude (édit.), *Dictionnaire québécois d'aujourd'hui. Langue française, histoire, géographie, culture générale*, Dicorobert, 1992.

Bourgault, Pierre, *Moi, je m'en souviens*, Stanké, 1989.

Cajolet-Laganière, Hélène et Pierre Martel, *La qualité de la langue au Québec*, Institut québécois de recherche sur la culture, 1995.

Charlevoix, François-Xavier, *Journal d'un voyage fait par ordre du roi dans l'Amérique septentrionale*, Presses de l'Université de 1994. Édition critique de Pierre Berthiaume.

Chotiner, Isaac, « Globish for Beginners », *The New Yorker*, 86, 15, 31 mai 2010, p. 76-78.

Conseil supérieur de l'éducation, *Avis au ministre de l'Éducation, du Loisir et du Sport. L'amélioration de l'enseignement de l'anglais, langue seconde, au primaire : un équilibre à trouver*, Gouvernement du Québec, août 2014.

Corbeil, Jean-Claude, *L'embarras des langues. Origine, conception et évolution de la politique linguistique québécoise*, Québec Amérique, 2007.

Cormier, Monique C. et Jean-Claude Boulanger (édit.), *Les dictionnaires de la langue française au Québec. De la Nouvelle-France à aujourd'hui*, Presses de l'Université de Montréal, 2008.

Crystal, David, *Txtng : The Gr8 Db8*, Oxford University Press, 2008.

Desbiens, Jean-Paul, *Les insolences du frère Untel*, Éditions de l'Homme, 1960.

Dumais, Joseph, *Le parler de chez nous. Conférence donnée à l'Hôtel de ville de Québec, sous le patronage de la Société des arts, sciences et lettres*, Chez l'auteur, 1922.

Encrevé, Pierre et Michel Braudeau, *Conversations sur la langue française*, Gallimard, 2007.

Étiemble, *Parlez-vous franglais ? Fol en France. Mad in France. La belle France. Label France*, Gallimard, 1991 (troisième édition).

Gagnon, Lysiane, « Le syndrome de la bouche molle », *La Presse*, 12 janvier 2012, p. A19.

Garsou, Martine, *L'image de la langue française. Enquête auprès des Wallons et des Bruxellois*, Bruxelles, Service de la langue française, 1991.

Gendron, Jean-Denis, « La langue française au Canada en regard de ses grands voisins », dans *Les grands voisins. Actes du colloque belgo-canadien des 24, 25 et 26 novembre 1983*, Éditions de l'Université de Bruxelles, 1984, p. 133-147.

Germain, Jean-Claude, *Diguidi, diguidi, ha! ha! ha! [suivi de] Si les Sansoucis s'en soucient, ces Sansoucis-ci s'en soucieront-ils? Bien parler, c'est se respecter!*, Leméac, 1972.

Gingras, Francis (édit.), *Miroir du français. Éléments pour une histoire culturelle de la langue française*, Presses de l'Université de Montréal, 2014 (troisième édition).

Grosjean, François, *Parler plusieurs langues. Le monde des bilingues*, Albin Michel, 2015.

Grutman, Rainier, *Des langues qui résonnent. L'hétérolinguisme au xixe siècle québécois*, Fides-CÉTUQ, 1997.

Hergé, *Les aventures de Tintin. Colocs en stock*, Casterman, 2009. « Adaptation pour le Québec : Yves Laberge. »

Howard, Jennifer, « In the Digital Era, Our Dictionaries Read Us », *The Chronicle of Higher Education*, 11 mars 2013. http://chronicle.com/article/In-the-Digital-Era-Our/137719/

Hugo, Victor, *Choses vues. Souvenirs, journaux, cahiers. 1830-1885*, Gallimard, 2002. Texte présenté, établi et annoté par Hubert Juin.

J.-F., F. [Frère Jean-Ferdinand], *Refrancisons-nous*, s.l. [Montmorency, Québec?], s.é., 1951 (première édition ; deuxième édition).

Kavanagh, Éric, Caroline Marcoux, Isabelle Paré et Renée-Lise Roy, *Étude sur la qualité de la langue dans six quotidiens québécois publiés de 2010 à 2013*, Conseil supérieur de la langue française, mai 2015.

Klinkenberg, Jean-Marie, « La production littéraire en Belgique francophone. Esquisse d'une sociologie historique », *Littérature*, 44, décembre 1981, p. 33-50.

Klinkenberg, Jean-Marie, « Le français : une langue en crise ? », dans *Le français en débat*, Bruxelles, Communauté française, Service de la langue française, 1992, p. 24-45. Repris dans *Études françaises*, 29, 1, printemps 1993, p. 171-190 et dans *La langue et le citoyen. Pour une autre politique de la langue française*, Presses universitaires de France, 2001, p. 98-122.

Klinkenberg, Jean-Marie, *La langue et le citoyen. Pour une autre politique de la langue française*, Presses universitaires de France, 2001.

Klinkenberg, Jean-Marie, *La langue dans la Cité. Vivre et penser l'équité culturelle*, Les Impressions nouvelles, 2015.

Lalande, s.j., Louis, « Bouches molles », *L'Enseignement primaire*, 39, 6, février 1918, p. 325-328.

Lefrançois, Pascale et Marie-Éva de Villers, « Un portrait qualitatif des connaissances lexicales des jeunes Québécois francophones », dans Claudine Garcia-Debanc, Caroline Masseron et Christophe Ronveaux (édit.), *Enseigner le lexique*, Presses universitaires de Namur, 2013, p. 231-250.

Low, Bronwen, Mela Sarkar et Lise Winer, « "Ch'us mon propre Bescherelle" : Challenges from the Hip-Hop Nation to the Québec Nation », *Journal of Sociolinguistics*, 13, 1, 2009, p. 59-82.

Marcel, Jean, *Le joual de Troie*, Bibliothèque québécoise, 2008 (1973). Texte établi, présenté et annoté par Lise Harou.

Martel, Pierre, « Le français du Québec : statut et corpus. L'époque contemporaine », dans Gérald Antoine et Bernard Cerquiglini (édit.), *Histoire de la langue française 1945-2000*, CNRS éditions, 2000, p. 729-747.

Minaudier, Jean-Pierre, *Poésie du gérondif. Vagabondages linguistiques d'un passionné de peuples et de mots*, Le Tripode, 2014.

Molière, *Le bourgeois gentilhomme. Les femmes savantes. Le malade imaginaire*, Gallimard, 1973. Texte établi, présenté et annoté par Georges Couton.

Nepveu, Pierre, « Langue. Au-delà du français menacé », *Le Devoir*, 22 septembre 2012, p. B5.

Nepveu, Pierre, « Une apologie du risque », *Liberté*, 300, été 2013, p. 8-9.

Pellerin, Gilles, *Récits d'une passion. Florilège du français au Québec*, L'instant même, 1997.

Pivot, Bernard, *100 mots à sauver*, Albin Michel, 2004.

Plourde, Michel et Pierre Georgeault (édit.), *Le français au Québec. 400 ans d'histoire et de vie*, Fides et Conseil supérieur de la langue française, 2008 (nouvelle édition).

Poirier, Claude, « Le lexique québécois : son évolution, ses composantes », dans René Bouchard (édit.), *Culture populaire et littératures au Québec*, Anma Libri, 1980, p. 43-80.

Poirier, Claude, « USITO : un pas en avant, un pas en arrière. Analyse du dictionnaire de l'Équipe Franqus un an après sa mise en ligne », article électronique, 30 avril 2014 ; retouché le 28 mai 2014. www.tlfq.ulaval.ca/usito.asp

Ransom, Amy J., « Language Choice and Code Switching in Current Popular Music from Québec », *Glottopol. Revue de sociolinguistique en ligne*, 17, janvier 2011. www.univ-rouen.fr/dyalang/glottopol/telecharger/numero_17/gpl17_10ransom.pdf

Remysen, Wim, « Le français au Québec : au-delà des mythes », *Romaneske*, 1, 2003. URL : http://www.vlrom.be/pdf/031quebec.pdf.

Rittaud-Hutinet, Chantal, *Parlez-vous français ? Idées reçues sur la langue française*, Le cavalier bleu éditions, 2011.

Stefanescu, Alexandre et Pierre Georgeault (édit.), *Le français au Québec. Les nouveaux défis*, Fides et Conseil supérieur de la langue française, 2005.

Tardivel, Jules-Paul, *L'anglicisme, voilà l'ennemi. Causerie faite au Cercle catholique de Québec, le 17 décembre 1879*, Imprimerie du « Canadien », 1880.

Tatossian, Anaïs, « Les procédés scripturaux des salons de clavardage (en français, en anglais et en espagnol) chez les adolescents et les adultes », Université de Montréal, thèse de doctorat, novembre 2010.

Tremblay, Laurent, *Hommage à la langue française (Chœur parlé)*, Comité central des Ligues de retraitants, 1937.

Villers, Marie-Éva de, *Le vif désir de durer. Illustration de la norme réelle du français québécois*, Québec Amérique, 2005.

Villers, Marie-Éva de, *Profession lexicographe*, Presses de l'Université de Montréal, 2006.

Villers, Marie-Éva de, *Multidictionnaire de la langue française*, Québec Amérique, 2015 (sixième édition).

Voyage de Pehr Kalm au Canada en 1749, Pierre Tisseyre, 1977. Traduction annotée du journal de route par Jacques Rousseau et Guy Béthune avec le concours de Pierre Morisset.

Wallace, David Foster, « Tense Present. Democracy, English, and the Wars over Usage », *Harper's Magazine*, avril 2001, p. 39-58. Repris sous le titre « Authority and American Usage », dans *Consider the Lobster and Other Essays*, Little, Brown and Company, 2005.

Yaguello, Marina, *Catalogue des idées reçues sur la langue*, Seuil, 1988.

Table des matières

Québec, Canada